少林武术精粹系列丛书

少林拳（七）

德虔　德炎　编著

北京体育大学出版社

责任编辑：任　侠
责任校对：赵红霞
版式设计：李　鹤

图书在版编目（CIP）数据

少林拳. 七 / 德虔, 德炎编著. -- 北京 : 北京体育大学出版社, 2022.1
（少林武术精粹系列丛书）
ISBN 978-7-5644-3569-1

Ⅰ. ①少… Ⅱ. ①德… ②德… Ⅲ. ①少林拳－套路(武术) Ⅳ. ①G852.15

中国版本图书馆CIP数据核字(2022)第007611号

少林拳（七）
SHAOLINQUAN(QI)　　德虔　德炎　编著

出版发行：北京体育大学出版社
地　　址：北京海淀区农大南路1号院2号楼2层办公B-212
邮　　编：100084
网　　址：http://cbs.bsu.edu.cn
发 行 部：010-62989320
邮 购 部：北京体育大学出版社读者服务部 010-62989432
印　　刷：北京昌联印刷有限公司
开　　本：880mm × 1230mm　1/32
成品尺寸：148mm × 210mm
印　　张：2.75
字　　数：54千字
版　　次：2022年1月第1版
印　　次：2022年1月第1次印刷
定　　价：13.80元

（本书如有印装质量问题，请与出版社联系调换）

前言

武术作为中国的国粹，是中华民族传统文化的组成部分。家喻户晓的少林武术便是其中极具代表性的门类，是中国武术的重要象征。

我社与少林武术结缘已久，伴随着时光的流逝，有多种内容、多样组合、各种形式的载有少林武术的出版物，源源不断地从我社注入市场，为方兴未艾的少林武术热潮平添了更高的热度。可以说，少林武术图书一直与我社相伴相随，成为我社具有长期出版价值的图书门类。其中，少林武术图书的编纂者——已故的王长青（法号释德虔）先生功不可没。他经年累月锲而不舍，寻于寺院、觅于乡间，挖掘出大量尘封的少林武术资料，继而分门别类梳理、整饬成一册册书稿，并与我社携手努力，打造出独树一帜的武术图书板块，为我社的武术图书出版打开了新局面。

今天，在着力弘扬中华优秀传统文化，树立和增强文化自信的大背景下，我社将以往出版的少林武术书籍重新进行了编排，以全新的面貌推出“少林武术精粹系列丛书”，这是我社多年来少林武术出版情结的延续，是对积累和沉淀的少林武术资源的再一次整合与展示，更紧密契合了时代的要求。

通过这套书，读者可以研习刚柔相济、闪转腾挪的少林功夫，可以感悟其中凝结的中华智慧，可以领略武术文化的博大精深……这便是我社对这套书出版价值的期待。

目 录

少林罗汉拳

动作名称

预备势
1.童子拜佛
2.马步单鞭
3.震脚冲拳
4.大鹏趟爪
5.黑虎跳涧
6.怀中抱月
7.黑虎掏心
8.十字采脚
9.枯树盘根
10.马步镖拳
11.黑虎蹬山
12.倒步推掌
13.下砸捶
14.黑虎蹬山
15.罗汉睡觉
16.横冲捶
17.卧地炮
18.双栽捶
19.跳步冲拳
20.十字弹腿
21.大仙蹬脚
22.右冲肘
23.左冲肘
24.抢　手
25.侧耳炮
26.七　星
27.卧　枕
28.湘子挎篮
29.卧虎撩爪
30.黑虎蹬山
31.二起采脚
32.金鸡独立
33.扫趟腿
34.枯树盘根
35.迎面沙
36.双抢手
37.大圣钻云
38.古树盘根
39.白鹤亮翅
40.单叉搊手
41.白云盖顶
42.连三采脚
43.旋风七星
44.单　鞭
45.拦腰捶
46.黑虎蹬山
47.磕　肘
48.迎面崩捶
49.金丝缠
50.三冲拳
51.下砸拳
52.抡　臂
53.掏心捶
54.二起采脚
55.彭公挤按
56.迎面捶
57.金丝缠
58.跃步七星
59.转身盘肘
60.白鹤亮翅
61.坐　山
收　势

动作图解

预备势

两脚并步站立，身体挺直；两臂自然下垂，两掌附于大腿外侧，掌心向里；目视前方。（图1）

接上动作，左脚向左开半步；两掌由下向上，由外向内画弧，然后变拳，抱于腰间；目视左侧。（图2）

图 1

图 2

1.童子拜佛

抬左腿向右提膝，横盘于右腿膝上；同时两拳变掌由下向外向上画弧，然后再由外向内屈肘合掌，掌心相对，掌指向上，高与胸平；目视前方。（图3）

2.马步单鞭

左脚向左落一步，两腿屈膝半蹲，成马步；同时两掌由内向两侧展臂摆掌，两掌心向外；目视左侧。（图4）

图 3

图 4

3.震脚冲拳

以两脚为轴，向左转体90度，左腿屈膝，右腿蹬直，两腿成左弓步；同时左掌抖腕变拳，右掌展臂向右后方；目视左拳。（图5）

接上动作，抬右脚向前上一步，震脚，与左脚成并步，两腿半蹲；同时右臂屈肘，右掌变拳随身向前冲击；左臂向内屈肘，护于右肘下；目视右拳。（图6）

图 5

图 6

4.大鹏趟爪

起身，抬右腿向前弹踢，脚面绷平；同时两拳变掌，向前后展

臂亮掌；目视右后方。（图7）

5.黑虎跳涧

右脚随体右转（45度）下落于右侧一步，同时速抬左脚向左跳起，下落于右脚左侧一步，两腿成左仆步；两掌于两腿间向下拍地（响亮）；目视左侧。（图8）

图 7

图 8

6.怀中抱月

起身，收右脚与左脚成并步；同时两掌根相合，向左抖腕拧手，然后由下向上屈肘，使两臂向内，两掌心相照，左掌在下，高与脐平，右掌在上，高与胸平；目视前方。（图9）

7.黑虎掏心

左脚向左开一步，向左转体90度，两腿成左弓步；同时右掌变拳，向前冲击，左掌向外画弧，然后变拳，抱于腰间；目视右拳。（图10）

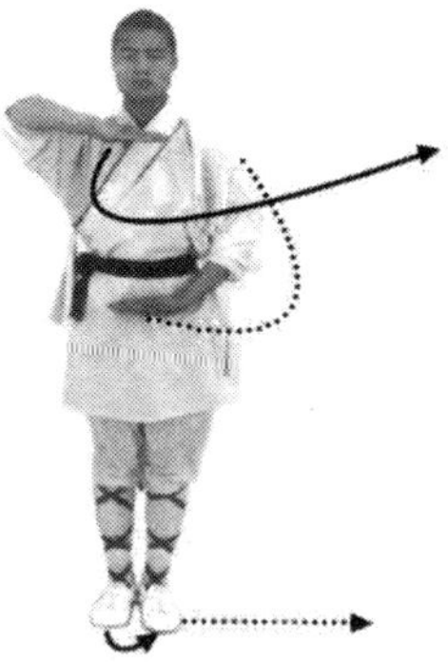

图 9

图 10

8.十字采脚

抬右腿向前向上弹踢，脚面绷平；同时左拳变掌，向前向右拍击右脚面（响亮）；右拳抱于腰间；目视左掌。（图11）

9.枯树盘根

右脚下落于左脚后一步，以两脚为轴，向右转体270度，两腿成叉步，随之两腿全蹲成歇步；左掌变拳，向前冲击；右拳抱于腰间；目视左拳。（图12）

图 11

图 12

10.马步镖拳

起身，抬左脚向左跨一步，两腿半蹲成马步；同时左拳向左侧冲击；右拳变掌，上架于头上前方；目视左拳。（图13）

11.黑虎蹬山

向左转体90度，右脚向前上半步，位于左脚后；同时右臂向前屈肘抢出，左拳抱于腰间；目视右掌。（图14）

图 13

图 14

接上动作，以左脚为轴，抬右脚随体左转（90度），向右侧弹蹬；同时右掌放于右大腿上，左拳端于腰间；目视前方。（图15）

12.倒步推掌

右脚向右落一步，两腿成左弓步；同时右臂屈肘，右掌向前推出，左拳抱于腰间；目视右掌。（图16）

图 15

图 16

接上动作，左脚向后退一步，两腿成右弓步，左拳变掌向前推出，右掌端于腰间；目视左掌。（图17）

接上动作，右脚向后退一步，两腿成左弓步；同时右臂屈肘，右掌向前推出，左掌端于腰间；目视右掌。（图18）

图 17

图 18

13.下砸捶

以两脚为轴，向右转体180度，右腿半蹲，左腿跪地；同时两掌变拳，左拳向前屈肘砸击，右拳抱于腰间；目视左拳。（图19）

接上动作，左脚向前一步，落于右脚跟后，成丁字步，两腿全蹲；同时右拳向前屈肘砸击，左拳抱于腰间；目视右拳。（图20）

图 19

图 20

14.黑虎蹬山

起身，震右脚，抬左腿向左后方弹踹，右臂屈肘，右拳护颈右侧，左拳向内护裆；目视左后方。（图21）

接上动作，左脚下落于右脚前一步，抬右腿向前向上弹踢；同时右拳由上向下劈击，左拳抱于腰间；目视前方。（图22）

图 21

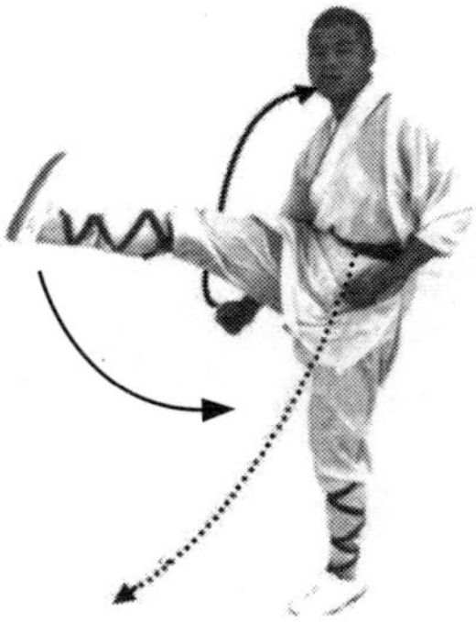

图 22

15.罗汉睡觉

右脚下落于左脚后一步，向左转体90度，两腿全蹲成歇步；同时右臂屈肘向内，使右拳顶住右脸腮部；左臂屈肘，左拳下劈，放于右脚踝上；目视左侧。（图23）

16.横冲捶

起身，以两脚为轴，向右转体180度，两腿屈膝成马步；同时左拳随身向左微屈肘砸击，右拳抱于腰间；目视左拳。（图24）

图 23

图 24

17.卧地炮

收右脚，震脚（响亮）与左脚成并步；同时左拳变掌，与右拳在胸前屈肘相击（响亮）；两腿半蹲；目视两手。（图25）

18.双栽捶

抬左脚向左跨一步，两腿半蹲成马步；左掌变拳，与右拳同时屈肘栽拳，两拳分别栽于两膝上；目视左侧。（图26）

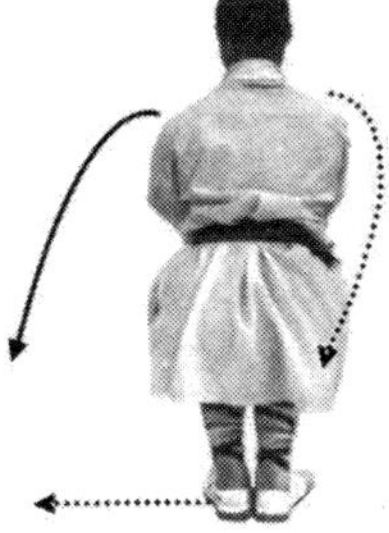

图 25

图 26

19.跳步冲拳

抬两脚向左转身（90度）跳步，右脚落于左脚前，两腿成右弓步；同时右拳向前屈肘崩拳，左拳抱于腰间；目视右拳。（图27）

20.十字弹腿

以右脚为轴，向左转体180度，抬左腿向前向上弹踢；右拳变掌，向前推出，掌心向前；左拳抱于腰间；目视右掌。（图28）

图 27

图 28

21.大仙蹬脚

左脚下落于右脚后，速抬右脚，向前溜地蹬出，脚尖翘起；右拳向上屈肘抖拳，左拳变掌向上护于右肘，左腿微屈，上体稍向后仰。（图29）

22.右冲肘

右脚向后向右横落一步，向右转体90度，抬左脚向前上一步，然后再抬右脚向前上一步，两腿成右弓步；同时右臂屈肘，右拳前冲，肘尖向前；左掌随身向前屈肘推附于右拳；目视右肘端部。（图30）

图 29

图 30

23.左冲肘

收右脚后移于左脚前，两腿成并步；同时右拳变掌，向上往下再返上画弧一周，上体随之右转180度；左脚向左跨一步，继而向左转体90度，两腿成左弓步；然后左掌变拳，向前屈肘冲击，肘尖向

前；右臂向内屈肘，推附左拳；目视左肘端部。（图31）

图 31

24.抢　手

左拳变掌，与右掌同时向前平抢；然后抬右腿向前提膝，两掌变拳，抱于腰间。（图32）

右脚下落于左脚前，两腿成右弓步；同时右拳变掌，向前屈肘抢手，掌心向里；左拳抱于腰间；目视右掌。（图33）

图 32

图 33

25.侧耳炮

以两脚为轴，向左转体180度，两腿成左弓步；同时左臂屈肘抖拳，高与耳平；右掌变拳向后劈击；目视前方。（图34）

26.七　星

左脚不动，抬右脚向前上一步，震脚（响亮），与左脚成并步；同时右拳向前直冲，左拳仍架于左耳侧，两腿半蹲；目视右拳。（图35）

图 34

图 35

27.卧　枕

右脚向前上一步，两腿成右弓步；同时两拳回胸前环弧，然后右拳向上屈肘抖拳，高与右耳相平；左拳向左栽击，拳落两裆间；目视左侧。（图36）

28.湘子挎篮

两拳变掌，由右向左下方搂手，然后变拳，收右腿向前提膝；

同时右臂屈肘上冲抖拳，高与腭平；左臂向内屈肘，左拳护于右肘内下侧；目视右拳。（图37）

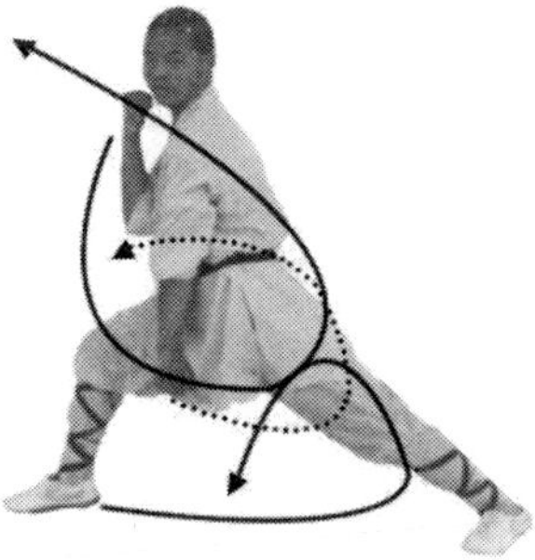

图 36

图 37

29.卧虎撩爪

右脚下落于左脚前一步，右腿屈膝半蹲，左腿跪地；同时右拳变掌，向前掠打；左拳抱于腰间；目视右掌。（图38）

接上动作，左脚向前上一步，左腿屈膝半蹲，右腿跪地；同时左拳变掌，向前掠打；右掌变拳，抱于腰间；目视左掌。（图39）

图 38

图 39

30.黑虎蹬山

起身，向右转体45度，抬右脚向右侧弹蹬；同时右拳变掌，向右撩打，然后收抱于腰间；左掌变拳，抱于腰间；目视右侧。（图40）

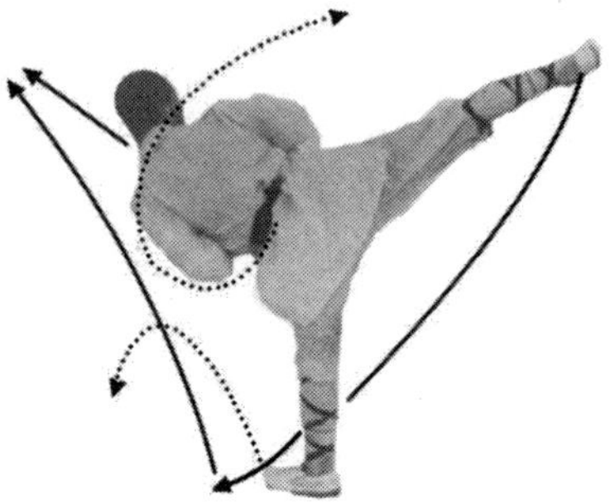

图 40

31.二起采脚

向左转体45度，右脚落于左脚前，抬两脚向前向上弹跳；当全身腾空时，出右掌向前向下拍击右脚面（响亮），左拳抱于腰间；目视右脚。（图41）

32.金鸡独立

右脚下落于左脚前一步，收左脚落于右脚后，脚尖点地，成左丁字步；同时右掌向前屈肘推出；左拳变掌向内屈肘，左掌附于右肘内侧；两腿微蹲，目视右掌。（图42）

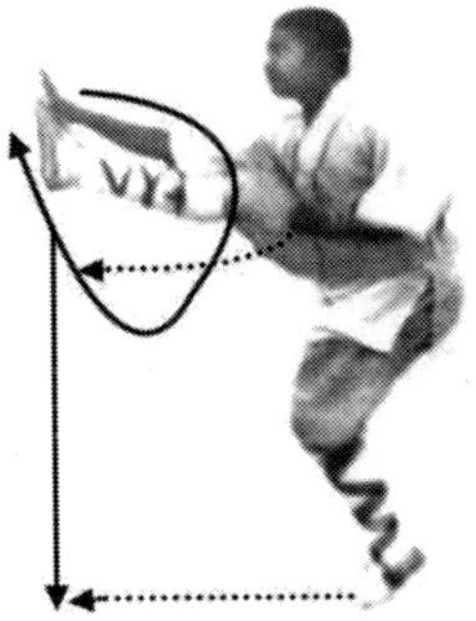

图 41

图 42

33.扫趟腿

左脚向左跨一步，以左脚为轴，上体前俯，抬右脚向左往后再返前扫一周；两掌扶地，目视前下方。（图43）

34.枯树盘根

起身，抬左脚向右移一步，落于右脚外侧，使两腿成叉步，随之全蹲成歇步；同时，右臂屈肘亮掌，掌与额平；左臂向内屈肘，左掌附于右肘之上；目视左侧。（图44）

图 43

图 44

35.迎面沙

抬左脚向左跨一步，右手向左侧下方抓一把，然后两腿屈膝成马步；右臂由左向右屈肘，亮掌，高与头平；左臂向内屈肘，左掌护于右肘下；目视左侧。（图45）

36.双抢手

以两脚为轴，向左转体90度，抬右脚向前上一步，震右脚，与左脚成并步，两腿微蹲；同时两臂向前屈肘，两掌抢出，掌心斜向上；目视两掌。（图46）

图 45

图 46

37.大圣钻云

抬两脚向前向上跳跃，当全身腾空时，右腿向上弹踢；同时两掌随身向后摆臂；目视前方。（图47）

38.古树盘根

两脚落地后，左脚在右脚前一步，以两脚为轴，向左转体270度，两腿全蹲成歇步；同时两掌变成剪指手，向内屈肘，使两剪指

抵住两太阳穴；目视前方。（图48）

图 47

图 48

39.白鹤亮翅

歇步不变，两剪指由内向外展臂抖肘侧展，两掌心向前，目视右侧。（图49）

接上动作，起身，使歇步变成叉步；同时两剪指由外向内向上举臂抖掌，两掌心向上，高于头；目视前方。（图50）

图 49

图 50

40.单叉摺手

左脚向左落一步，右腿全蹲，左腿伸直，两腿成左仆步；同时，左剪指变掌，由右向左侧下方掠手；右剪指变拳，抱于腰间；目视左掌。（图51）

41.白云盖顶

起身，右脚向前上半步；同时，左掌由下向外向上画弧，架于头上前方，掌心向上；右拳抱于腰间；目视前方。（图52）

图 51

图 52

42.连三采脚

抬右腿向前向上弹踢；右拳变掌，拍击右脚面（响亮）；左掌变拳抱于腰间；目视右掌。（53）

接上动作，右脚下落于左脚前一步，抬左腿向前上弹踢；左拳变掌，拍击左脚面（响亮）；右掌变拳抱于腰间；目视左掌。（图54）

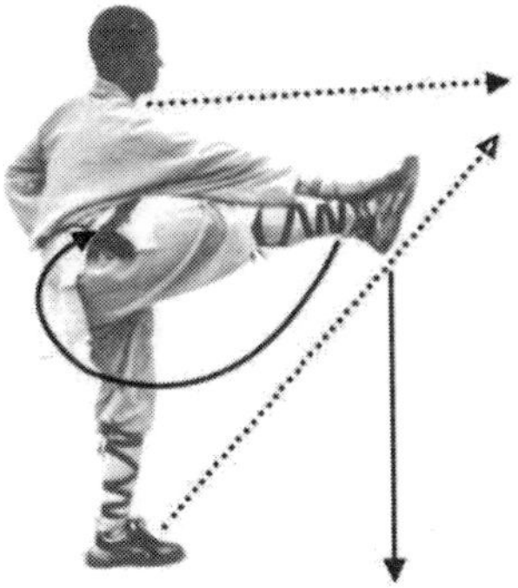

图 53

图 54

接上动作，左脚下落于右脚前一步，抬右腿向前向上弹踢；右拳变掌，拍击右脚面（响亮）；左掌变拳抱于腰间；目视右掌。（图55）

图 55

43.旋风七星

右脚下落于左脚前半步，以右脚为轴，抬左脚向右旋转360度；转向后右脚落左脚前一步，抬左脚向前上半步，与右脚成并步，左

脚尖点地，成左丁字步；同时右掌变拳，向前冲击；左臂屈肘，左拳护于右肘内侧；两腿半蹲，目视右拳。（图56）

44.单　鞭

右脚向前上一步，以两脚为轴，向左转体90度，两腿成马步；同时两拳由内向两侧展臂冲击；目视左侧。（图57）

图 56

图 57

45.拦腰捶

收右脚落于左脚前，脚尖点地，成右丁字步；同时两臂屈肘，两拳收回胸前，两拳眼相对，右拳高于左拳，两拳心向右；两腿微蹲，目视前方。（图58）

接上动作，抬右脚向右上一步，左脚紧跟着向前滑半步；两拳向前上下拦击；右拳在上，高与肩平；左拳在下，平脐；两拳心向右，目视前方。（图59）

图 58

图 59

46.黑虎蹬山

以右脚为轴，向右转体90度，抬左腿向左侧弹蹬；同时左拳变掌，与右拳在腹前屈肘相抱；目视左侧。（图60）

47.磕　肘

左脚下落左侧一步，向左转体90度，两腿成左弓步；同时右臂屈肘，向前崩出；左臂向内屈肘，左掌击右前臂；目视右肘。（图61）

图 60

图 61

48.迎面崩捶

抬右脚向前上一步；同时右拳向前崩出，拳心向上；左臂向前屈肘，左掌附于右肘之下，掌心向里；目视右拳。（图62）

接上动作，两脚不动；收右拳向内，再向下再反上向前崩击，拳心向下；左掌附于右肘之上；目视右拳。（图63）

图 62

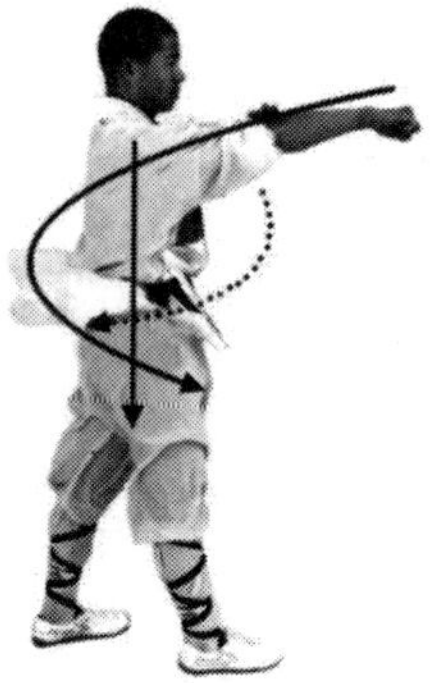
图 63

49.金丝缠

右腿半蹲，左腿半跪；同时收右拳向内旋肘、屈肘、抖拳；左掌附于右拳上。（图64）

50.三冲拳

起身，两脚不动，左掌变拳，向前冲击，右拳抱于腰间，目视左拳。（图65）

图 64

图 65

接上动作，右拳向前冲击，左拳抱于腰间。（图66）

接上动作，左拳向前冲击，右拳抱于腰间，两腿全蹲成歇步，目视前方。（图67）

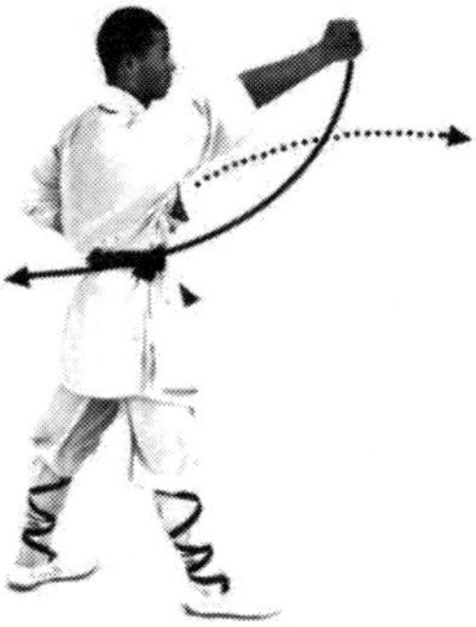

图 66

图 67

51.下砸拳

右拳向前下方砸去，左拳抱于腰间；目视前方。（图68）

52.抡　臂

起身，右拳由下向上、再往下抡臂；左拳由下向上抡臂，左臂

上举，右臂下沉；目视左前方。（图69）

图 68

图 69

接上动作，向左转体90度，两拳仍以肩关节为轴，左拳由上往下，右拳由下向上抡臂；目视左侧。（图70）

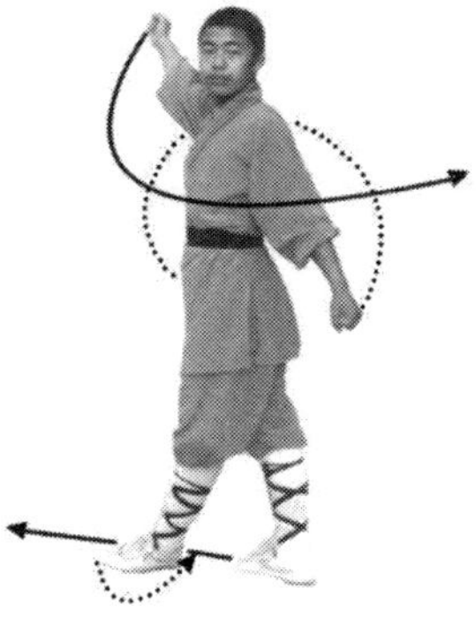

图 70

53.掏心捶

右脚向前上一步，向左转体180度，左腿屈膝，两腿成左弓步；同时右拳向前冲击，左拳抱于腰间；目视右拳。（图71）

接上动作，向右转体90度，两腿成马步；同时左拳向左侧砸

击，右拳抱于腰间；目视左拳。（图72）

图 71

图 72

54.二起采脚

向左转体90度，抬右腿向前向上弹跳；当全身腾空时，右拳变掌，拍击右脚面（响亮），左拳抱于腰间；目视右脚。（图73）

55.彭公挤按

右脚向后落一步，向右转体180度，右腿全蹲；同时左拳变掌随身由上向下屈肘按掌，右掌由内外向上画弧，然后变拳，抱于腰间；目视左掌。（图74）

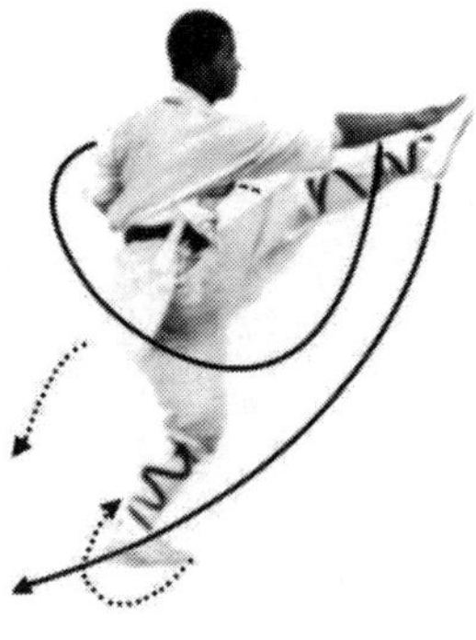

图 73

图 74

56.迎面捶

起身，左脚向前一步，与右脚成并步；同时右拳向前冲击，左臂向内屈肘，左掌附于右肘内侧；目视右拳。（图75）

57.金丝缠

两脚不动，两腿半蹲；同时右臂屈肘由外向内旋肘，抖拳；左臂向右屈肘，左掌按右拳上；目视右前方。（图76）

图 75

图 76

58.跃步七星

起身，抬两脚向前向上纵跳。（图77）

接上动作，两脚向前下落成并步，两腿半蹲；同时右拳向前下方冲击；左掌变拳，向内屈肘，护于右肘内侧；目视右拳。（图78）

图 77

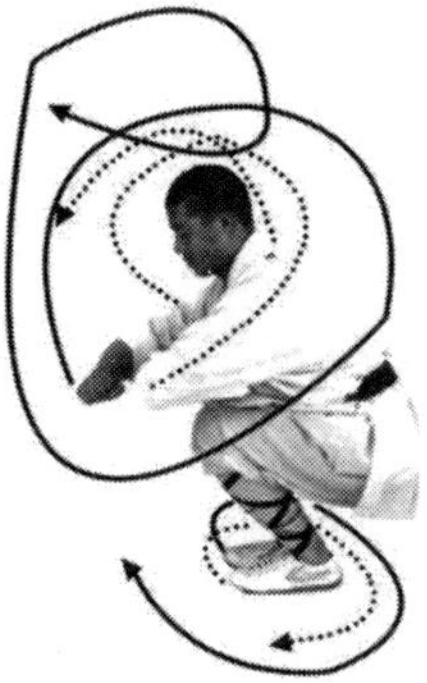

图 78

59.转身盘肘

起身，右脚向前上一步，以右脚为轴，抬左脚向右转体360度，转身后右脚落于左脚前，两腿成右弓步；同时，左臂屈肘向前扛出，右拳架于头上前方。（图79）

60.白鹤亮翅

以两脚为轴，向左转体90度，收右脚与左脚成并步；同时两拳变掌，由内向两侧推出，两掌心向外；目视右掌。（图80）

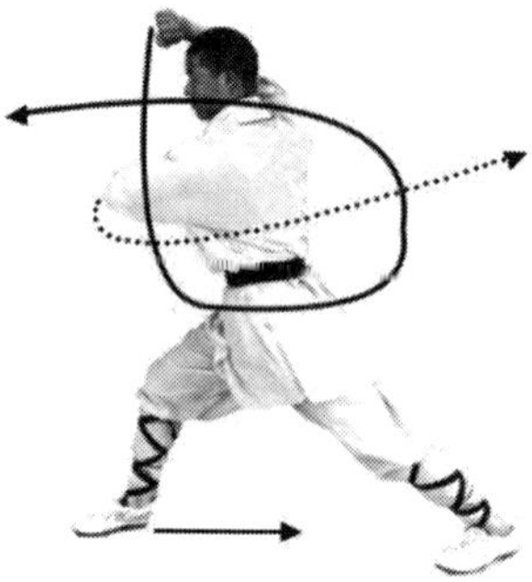

图 79

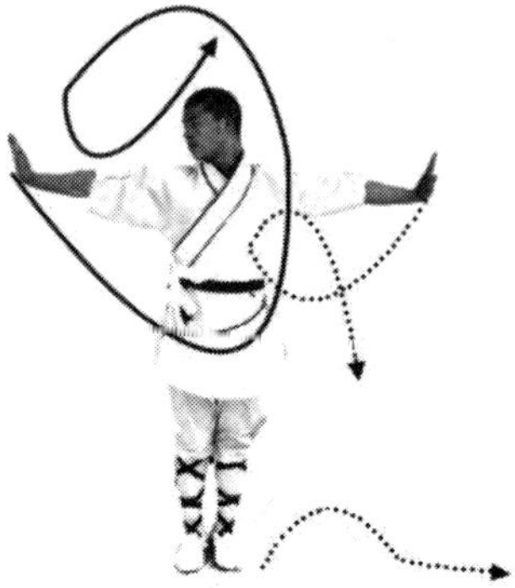

图 80

61.坐　山

震右脚（响亮），抬左脚向左跨一步，两腿屈膝成马步；同时，两掌变拳，右拳由右向左劈打，然后向右画弧架于头上前方；左拳由左向右劈打，然后下栽于左膝上方；目视左侧。（图81）

收　势

收左脚与右脚成并步；同时两拳变掌，右掌由上向下，左掌由下向上，在胸前画弧；然后身体挺直，两掌变拳抱于腰间；目视前方。（图82）

图 81

图 82

二路罗汉拳

动作名称

预备势

1.两掌交叉

2.仆步下砸拳

3.弓步双进拳

4.歇步劈掌

5.转身枪手

6.马步砸拳

7.提膝上架拳

8.跳步飞脚

9.弓步冲拳

10.跳步三冲拳

11.虚步上架拳

12.转身提膝上架拳

13.叉步劈掌

14.弓步对拳

15.虚步劈拳

16.转身弹踢

17.歇步劈拳

18.马步双进掌

19.转身旋风脚

20.叉步交掌

21.仆步架拳推掌

22.叉步叉掌

23.斜飞步

24.罗汉听经

25.弓步上冲拳

26.蹲步劈拳

27.弓步上架拳

收　势

动作图解

预备势

两腿并拢立正，两手握拳，抱于腰间；挺胸抬头，目视前方。（图1）

1.两掌交叉

两脚不动，两手向外画弧交叉于腹前，掌指斜向下，掌心向里，右掌在外，左掌在内；目视前方。（图2）

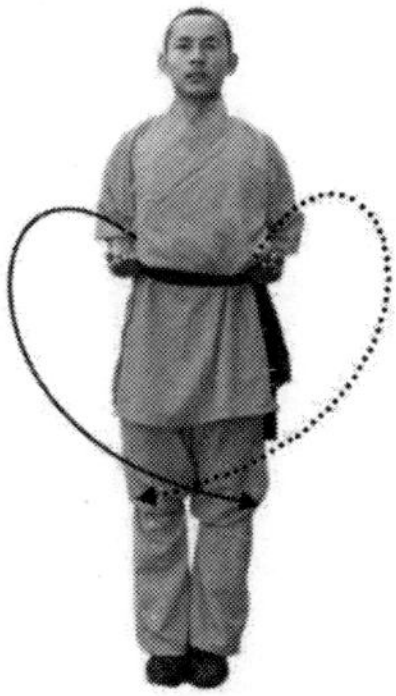
图 1

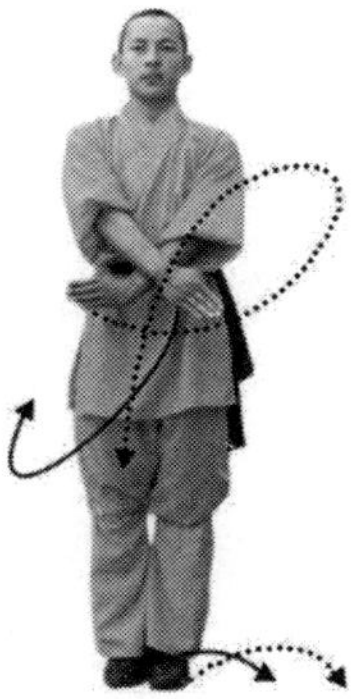
图 2

2.仆步下砸拳

右脚左迈，两脚左跳一步，左腿顺势左伸，右腿屈膝下蹲，成左仆步；两掌变拳，左拳在胸前抖腕由外向内绕弧直臂下砸，拳心向后；右拳抱于腰间；目视左侧。（图3）

3.弓步双进拳

起身，左脚不动，向左转体90度，右脚前上一步，右腿屈膝成

右弓步；两拳由腰两侧经外向内绕弧于胸前合拢击出，高与肩平，拳心向下；目视前方。（图4）

图 3

图 4

4.歇步劈掌

两脚踠地，向右转体90度，顺势右腿收于左腿后侧，交叉下蹲成歇步；左拳经前向右上方绕头掠下，收抱于腰间，拳心向上；随势右拳变掌，经外侧向右下方画弧掠下斜击，掌心向下，置于腿侧；目视右掌。（图5）

5.转身枪手

起身，两脚踠地，向右转体90度，左脚顺势前跨一步，左腿屈膝成左弓步；右掌绕弧外掠，握拳与左拳同抱腰间；接着左拳变掌，乘势向前平直抢出，掌指斜向前，掌心斜向上；右拳抱于腰间；目视前方。（图6）

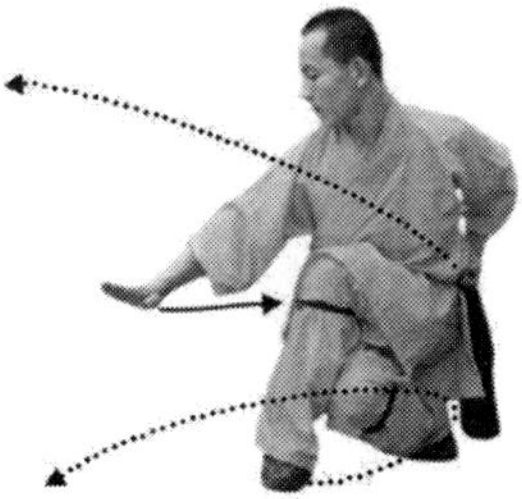
图 5

图 6

6.马步砸拳

V

7.提膝上架拳

左腿提膝右摆，向右转体90度，脚尖向下，成独立势；同时右拳经外侧向上画弧摆击，置于头右前上方，拳心向前；左拳架于左膝上，拳心向外；目视前方。（图8）

8.跳步飞脚

左脚落地，顺势再弹起，右脚前摆，二起脚腾空，右脚面绷平；右拳变掌从后向前绕弧拍击右脚面（响亮）；左拳变掌左展；目视右掌。（图9）

图 7

图 8

图 9

9.弓步冲拳

两脚落地，右脚前上一步，右腿顺势屈膝，左腿蹬直成右弓步；右掌变拳经胸前由右向左绕弧前冲，拳心向下；左掌变拳向后反击，略低于左肩，拳心向下；目视右拳。（图10）

10.跳步三冲拳

左脚前上至右脚处，右脚顺势前跨一步，身体垫步向前，仍成右弓步；左拳变掌，向右经头后绕弧掠至胸前，握拳抱于腰间；

右拳经左侧绕头向后向上画弧，向前冲击，拳心向下；接着再冲左拳，收回腰间，又冲右拳，目视右拳。（图11）

图 10

图 11

11.虚步上架拳

右脚后撤一步，稍向右转体，身体下沉，抬左脚，脚尖点地，成左虚步；右拳经下向后画弧架于头前上方，拳心向前；左拳下砸于左大腿外侧，拳心向外；目视前方。（图12）

12.转身提膝上架拳

上动不停，左脚跟不落地，两脚同时向右侧跳半步，向右转体180度，左膝提起，成独立势，脚尖向下；左拳向胸前下方斜击；右拳向左向上画半弧，架于头前上方，拳心向前；目视前方。（图13）

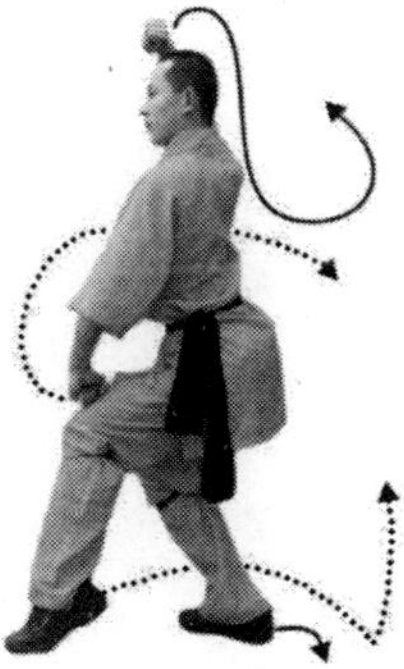

图 12

图 13

13.叉步劈掌

上动不停，左脚落于右脚后一步，向左转体90度，右脚移于左脚后左侧一步，成叉步；右拳变掌绕头一圈，经胸前向右下方劈；左拳抱于腰间；目视右侧。（图14）

14.弓步对拳

左脚左跨一步，向左转体90度，左腿屈膝，右腿蹬直，成左弓步；左臂屈肘，左拳上冲；右掌变拳，抱于腰间，拳心向上；目视前方。（图15）

图 14

图 15

15.虚步劈拳

右脚前上一步，左脚顺势抬起，脚尖点地，身体下沉成虚步；右拳经胸前向右上方绕弧搂过，再顺势下砸，拳心向里；左拳经前绕弧向右屈肘横击，拳心向里；目视右前方。（图16）

16.转身弹踢

左脚后退一步，两脚踾地，向左转体180度；右脚右上一步，顺势左脚向前上方踹出；两拳抱于腰间；目视前方。（图17）

图 16

图 17

17.歇步劈拳

左脚后摆落于右脚后一步，向右转体90度，接着再抬左脚移于右脚前右侧一步，两腿全蹲成歇步；右臂屈肘上冲，拳心向内，立于右耳侧；左拳经外下劈，置于左大腿外侧，拳心向右；目视左侧。（图18）

18.马步双进掌

起身，两脚踾地，向右转体180度，左脚左移半步，两腿屈膝成马步；两拳变掌，由胸两侧抖腕，成正立掌向前方推出，掌心向前，掌指向上，左掌稍近于右腋前，两肘微屈；目视两掌。（图19）

图 18

图 19

19.转身旋风脚

左脚左垫一步，抬右腿向左上方旋摆，向左转体90度；当全身腾空时，出左掌横击右脚面（响亮），右手抱拳于腰间；目视右脚。（图20）

20.叉步交掌

两脚落地，抬左脚落于右脚右前方，两腿成叉步；两手掌由两侧汇合于胸前成交叉侧立掌上推（左掌在前），两掌心向外，掌指斜向上；目视前方。（图21）

图 20

图 21

21.仆步架拳推掌

起身，两脚同时向左跳一步，左腿顺势向左伸直，右腿全蹲，成左仆步；右掌变拳向外上方画弧，上架于头前上方；左掌向左前方直臂推出；目视左侧。（图22）

22.叉步叉掌

起身，右脚不动，收左脚落于右脚后方，两腿成叉步；右拳变掌，两掌由两侧向胸前正中汇合成交叉侧立掌，向下抢插，两掌心向里，掌指斜向下，右掌在外，左掌在内；目视前方。（图23）

图 22

图 23

23.斜飞步

左脚跨于右脚右侧半步，向左转体90度，速起左腿向前上方弹踢，全身腾空，左脚面绷直；出右掌向前拍击左脚面（响亮），左手抱拳于腰间；目视右脚。（图24）

24.罗汉听经

两脚落地，向右转体90度，抬左脚架于右膝上，右腿半蹲；右掌变拳，向后上方画弧，架于头前上方，拳心向前，左拳向左侧画弧，砸于左膝上部，拳心向内；目视前方。（图25）

25.弓步上冲拳

图 24

图 25

左脚落地，再抬右脚向右移一步，右腿屈膝成右弓步；同时两拳绕弧收至腰间，身体略右转，接着两肘向后成扇形，环弧向头上方冲击，顺势上体向右倾斜，两拳眼相对；目视前方。（图26）

26.蹲步劈拳

起身，左脚不动，抬右脚与左脚并步震脚；右拳变掌经外走弧线，向前下方劈击，掌心向里；左拳向外画半弧后向右屈肘横击，置于右肩处，拳心向里；两腿半蹲；目视右前方。（图27）

图 26

图 27

27.弓步上架拳

左脚左跨一步，两脚垫步左移一步，两腿屈膝成马步；左拳向下砸于左膝上，拳心向后；右掌变拳架于头前上方，拳心向前；目视左侧。（图28）

收　势

收左脚与右脚并步立正，身体挺直，两手抱拳放于腰间；目视前方。（图29）

图 28

图 29

三路罗汉拳

动作名称

第一节

预备势

1.卧地阳捶

2.跳步单叉

3.并步措掌

4.转身踢腿

5.黑虎掏心

6.歇步左冲拳

7.马步穿掌

8.马步左侧掌

9.弓步掠掌

10.拨掌踢腿

11.上步撩掌

12.收步束身

13.上步摆肘

14.弓步阳拳

15.歇步冲拳

16.三抓双震脚栽捶

17.劈　腿

18.罗汉睡觉

19.二起冲拳

20.跳步坐山架

收　势

第二节

21.马步左架打

22.蹬腿下冲拳

23.转身马步砍掌

24.跳步冲拳（猛虎大抖身）

25.马步揣拳

26.偷步抄手

27.虚步亮掌

28.扫趟腿

29.劈　腿

30.采　脚

31.大鹏反爪

32.弹腿冲拳

33.弹腿劈腿

34.三冲肘

35.阳崩阴捶

36.梅鹿卧枕

37.震脚下冲捶

38.冲天炮

39.马步崩捶

40.弹腿分掌

41.单叉推掌

42.二起采脚

收势

第三节

43.虚步亮掌

44.斜步阳拳

45.连环三冲拳

46.转身连三捶

47.丁步三冲拳

48.仆步掠掌

49.掠手采脚

50.转身摆脚

51.上步七星

52.马步单鞭

53.金鸡独立

54.转身剪手

55.弓步掏拳

56.蛟龙折身

57.猛虎出洞

58.仆步撩掌

59.弓步冲拳

60.猛虎藏威

61.二起采脚

62.坐山架

收　势

动作图解

第一节

预备势

足立八字，身体挺直，两臂下垂，五指并拢，掌心向里，目视前方。（图1）

1.卧地阳捶

左脚向左一步，向左转体90度，抬右脚向前震脚，与左脚成并步，两腿半蹲；同时，左掌向左上方撩，然后右掌变拳，右臂由下向上屈肘冲拳，左掌护于右肘上；目视右拳。（图2）

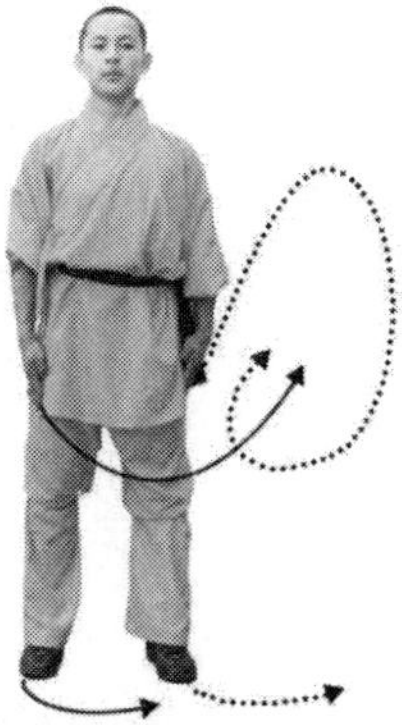

图 1

图 2

2.跳步单叉

两脚向前跳，落地后成左仆步；右拳变掌，向右侧上方斜展；左掌向左下方撩扫，掌心向下；目视左掌。（图3）

图 3

3.并步措掌

收左脚与右脚成并步；两掌由两侧向内屈肘横穿，右掌平额头，左掌腹前平揣，两掌心相对；目视前方。（图4）

4.转身踢腿

左脚向左跨一步，向左转体90度；同时两掌向两侧环展，然后回胸前成上剪手；抬右腿向前弹踢，目视右脚。（图5）

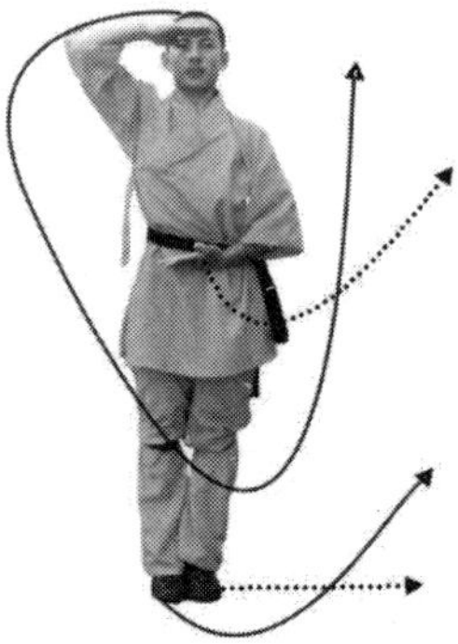

图 4

图 5

5.黑虎掏心

右脚向后落一步，成左弓步；两掌变拳，左拳架于头上前方，拳心向前；右臂屈肘，右拳向前冲击，拳心向内；目视右拳。（图6）

接上动作，弓步不变；左拳抱于腰间，抖右臂再冲右拳。（图7）

图 6

图 7

6.歇步左冲拳

两脚踉地，向右转体270度，两腿成叉步；同时，右拳变掌由左向右随身平撩，再变拳，抱于腰间，拳心向上；同时，两腿全蹲成歇步；左拳向前冲击，拳心向下；目视左拳。（图8）

7.马步穿掌

两脚踉地，向左转体180度，两腿屈膝半蹲成马步；同时左拳变掌，向外架于头左侧上方，掌心向前；右拳变掌向右侧平掠，掌心向右，掌指向上；目视右掌。（图9）

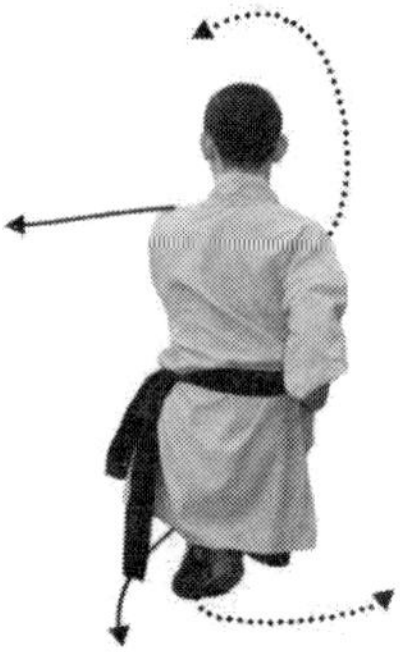
图 8

图 9

8.马步左侧掌

右脚踬地，抬左脚随身体右转180度，转身后两腿成马步；同时右掌向外向上，架于头上右侧；左掌向左侧推出，掌心向前；目视左掌。（图10）

9.弓步掠掌

两脚踬地，向右转体90度，抬左脚向前上一步，两腿成左弓步；同时左掌由右向左前方掠掌，掌心向前；右臂屈肘，右掌端于腰侧，掌心向上；目视左掌。（图11）

10.拨掌踢腿

左手反掌向前拨推，然后向右转体180度；左脚向前一步，右腿向前弹踢；左掌向前拍击右脚面（响亮）；右臂屈肘后扛，右掌端于腰侧；目视前方。（图12）

图 10

图 11

图 12

11.上步撩掌

右脚向前落一步，抬左脚向前成左弓步；左臂向前屈肘，左掌崩出，右掌护于左肘内侧；目视左掌。（图13）

12.收步束身

左脚向后退一步，向左转体90度，收右脚与左脚并步，成丁字步；同时，两掌变拳，左臂向右压右臂；右拳从左臂下掏出，向

右屈肘上冲，拳竖于右耳侧，拳心向里；左拳向左侧斜劈，拳心向后；两腿半蹲，目视左侧。（图14）

图 13

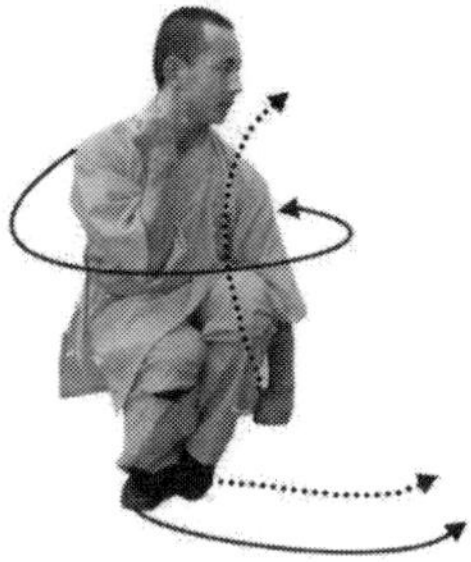

图 14

13.上步摆肘

左脚向左移一步，向左转体90度，上右脚，两腿成右弓步；同时，右臂屈肘向左前方摆；左拳变掌同时左臂屈肘，左掌护于右前臂内侧；目视前方。（图15）

图 15

14.弓步阳拳

右弓步不变，稍向左转体，右拳向前屈肘崩击，拳心斜向上；左掌随势护贴于右肘下；目视右拳。（图16）

接上动作，右弓步不变，右拳反臂向前冲拳，左掌护于右臂内侧；目视右拳。（图17）

图 16

图 17

15.歇步冲拳

两脚踬地，向右转体90度，两腿成歇步；同时，右拳随身向左拦撩，然后向前冲击，拳心向下；左掌收于左腰侧；目视右拳。（图18）

图 18

16.三抓双震脚栽捶

向右转体90度，两脚向前跳步先后震脚，两腿全蹲；同时，右拳变掌向前上方猛抓，再抬左掌向前方猛抓，紧接着又抓右掌；然后右掌变拳向前下方截击；左掌变拳，

屈肘向下，向内护于右肘内侧；目视前方。（图19）

17.劈　腿

左脚向前上一步，抬右腿向前弹踢；同时，右拳向前、向内猛劈，落于右腿内侧；左拳抱于腰间，拳心向上；目视右脚。（图20）

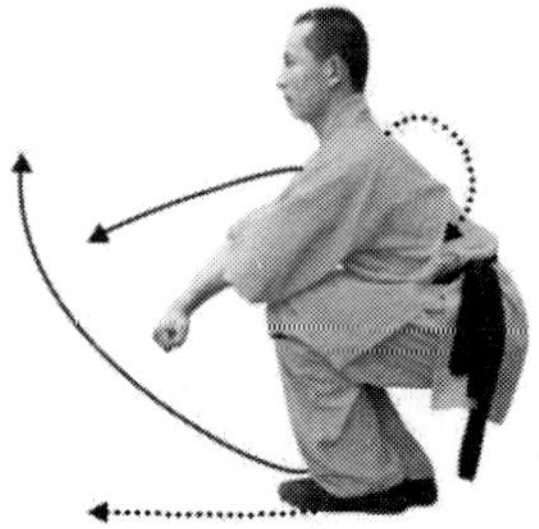

图 19

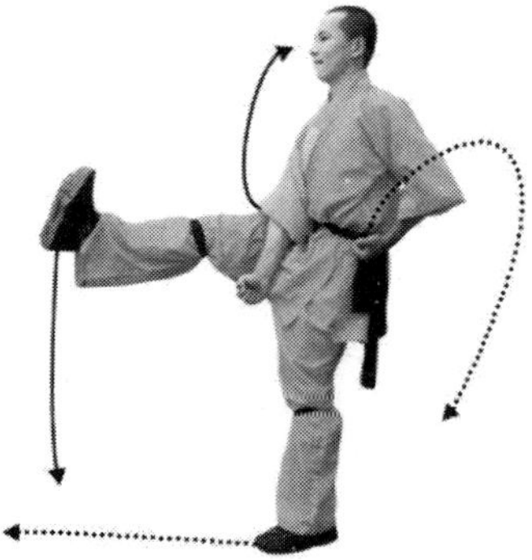

图 20

18.罗汉睡觉

右脚向前落一步，抬左脚向前上一步，两脚踩地，向左转体90度，两腿蹲成歇步；右臂向右屈肘夹肋上冲，拳落于右耳侧；左拳向左后侧斜劈；上体向右侧微斜，目视左侧。（图21）

图 21

19.二起冲拳

起身，向右转体90度，两脚向前跳步，当全身腾空时，右腿

向前向上弹踢，右掌拍击右脚面（响亮），左掌后摆；目视右脚。（图22）

接上动作，右脚下落至左脚前一步，成右弓步；同时右掌变拳，向前猛冲，拳心向下；左掌变拳，向前屈肘护于右肘内侧，目视右拳。（图23）

接上动作，右弓步不变，收右拳，冲左拳，右臂屈肘，右拳变掌护于左肘内侧，目视左拳。（图24）

图 22

图 23

20.跳步坐山架

两脚向左横跳一步，向左转体90度，两腿落地后成马步；同时两拳在胸前环劈，右拳向外向上画弧，然后架于头上右侧，拳心向前；左拳由上向下栽击于左膝上部，拳心向后；目视左侧。（图25）

图 24

图 25

收　势

收右脚与左脚成小八字而立，两拳变掌，两臂下垂，五指并拢贴附大腿外侧，身体挺直，目视前方。（图1）

第二节

21.马步左架打

两脚踴地，向右转体180度，两腿成马步；同时，左掌变拳，向左侧冲击，拳心向下；右拳变掌向外向上画弧，然后架于头上右侧；目视左拳。（图26）

22.蹬腿下冲拳

两脚踴地，向左转体90度，抬右腿向前提膝；同时，左拳变掌，两掌向前抓，然后再变拳，架于右膝两侧。（图27）

图 26

图 27

接上动作，右腿向前屈膝成弓步；两拳同时向前下方冲击，拳心向下；目视前下方。（图28）

23.转身马步砍掌

右脚向右后方移半步、震右脚，成马步；同时，两拳变掌，左掌随身向前上方抓撩，然后下按；右掌向前砍劈；目视前方。（图29）

图 28

图 29

24.跳步冲拳（猛虎大抖身）

向左转体90度，抬右腿提膝，右掌变拳，向右侧上方撩（图30）；然后向左侧横跳一步，当两脚离地时抬左腿提膝，左掌变拳，两拳快冲三拳（图31）；两脚落地后成马步，两拳在大腿上栽击；同时，晃腰抖膀，目视前方（图32）。

25.马步揣拳

抬右脚向左横跖一步，两脚跳步，两拳由外向内撩，两脚落地，成弓步；两拳向前、向后屈肘端于腰间；目视右前方。（图33）

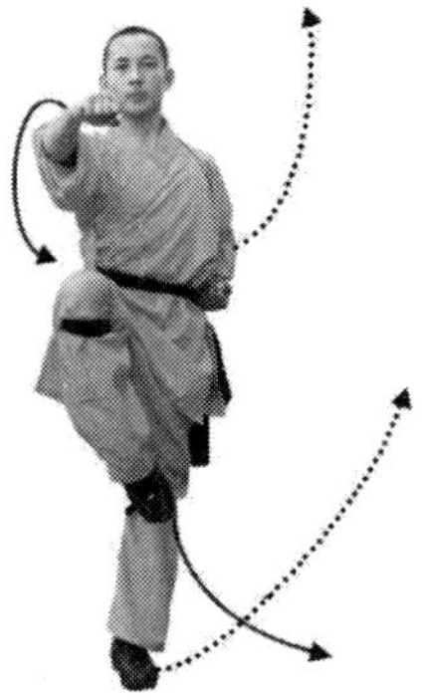

图 30

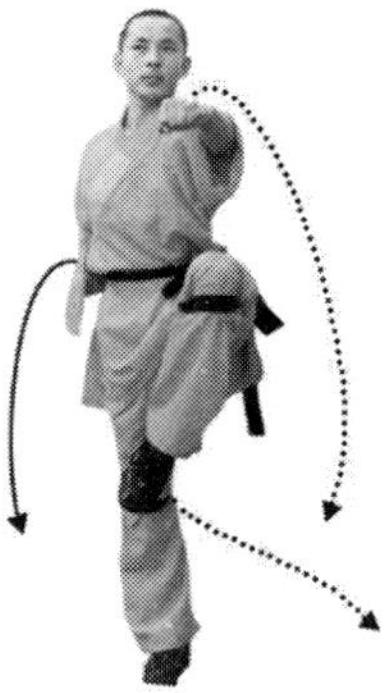

图 31

图 32

图 33

26.偷步抄手

右脚绕左腿前向左移一步，使两腿成叉步；同时两拳变掌，左掌向右下方抄，右掌向左屈肘横抄；目视右侧。（图34）

27.虚步亮掌

抬右脚向右横移，向右转体90度，成右虚步；同时，右臂向右前方屈肘亮掌，掌指斜向前，掌心斜向上；左掌护于右肘内侧；目视右掌。（图35）

28.扫趟腿

以左脚为轴，两手按于左脚前两侧，抬右腿由右向前向左经后再往前扫一圈。（图36）

图 34

图 35

图 36

29.劈　腿

扫腿起身后，右脚向前上一步，抬左腿向前弹踢；两掌变拳，左拳沿左腿由上向下劈，右拳抱于腰间；目视前方。（图37）

30.采　脚

左脚向前落一步，抬右腿向前向上弹踢；同时，左拳回收抱于腰间；右拳由上向下劈；目视右脚。（图38）

图 37

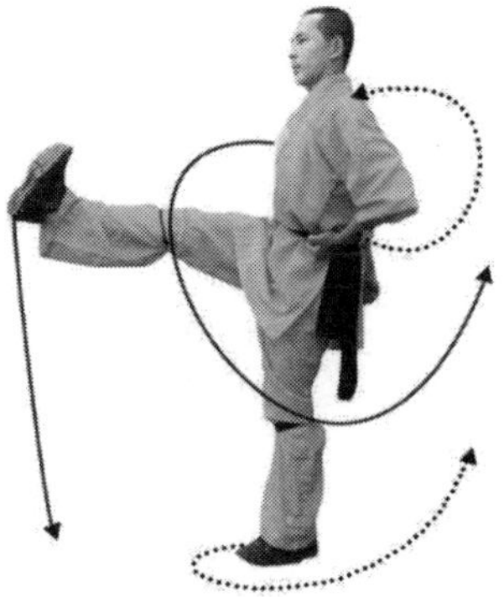

图 38

31.大鹏反爪

右脚向前落一步，以右脚为轴，向左转体180度，抬左腿向前提膝，上体向左侧扭斜；同时右拳变掌，向前屈肘推出，掌心向前；左掌抱于腰侧；目视前方。（图39）

图 39

32.弹腿冲拳

左脚向左前方落一步，抬右脚向右前方上一步，向右转体90

度，抬左腿向左弹踢；两掌变拳，抱于腰间；目视左脚。（图40）

接上动作，左腿向左落地成左弓步；同时，右拳向前屈肘冲击，拳心向内；左拳向外向上画弧，然后架于头上左侧；目视右拳。（图41）

图 40

图 41

33.弹腿劈腿

两脚蹍地，向右转体90度，左脚向前上步，抬右腿向右侧弹踢；右拳护于裆前，左拳上冲。（图42）

接上动作，右脚向右落地，向右转体90度，抬左腿向前弹踢；同时，两拳抱于腰间。（图43）

接上动作，左脚落前方一步，以左脚为轴，右腿向右泼扫（向左转体90度），再抬右腿向右侧弹踢；右拳护于裆前，左拳上冲，目视右脚。（图44）

34.三冲肘

右脚向右后方落一步成左弓步；同时，左臂屈肘握拳，右拳变掌推左拳向左侧前方扛肘，目视左肘。（图45）

接上动作，右脚向前上一步，两腿成右弓步；同时右臂屈肘握拳，左拳变掌推右拳向前扛肘，目视右肘。（图46）

接上动作，左掌推右拳向前扛肘，目视前方。（图47）

图 42

图 43

图 44

图 45

图 46

图 47

35.阳崩阴捶

两脚踝地，向左转体90度，成左弓步；右拳向右侧下方崩，左掌护于右臂内侧前方。（图48）

两脚踝地，向右转体90度，成右弓步；右拳反臂下击，左掌向右推右拳。（图49）

图 48

图 49

36.梅鹿卧枕

左腿提膝，左掌向左下方往下撩，右拳变掌向左侧撩，置于左颊侧。（图50）

左脚向左落地，顺势向左转体90度，右脚向前上一步，再向左转体90度，两掌随身转向右撩打；转身后两腿成右弓步；两掌变拳，在胸前环弧；然后，右臂向右屈肘，夹肋上冲拳，拳落于右颊侧，拳心向里；左拳向左下栽于裆前；上体向右倾，目视左前方。（图51）

图 50

图 51

37.震脚下冲捶

抬右腿提膝，两拳变掌，右掌向前上方抓；然后，右脚向前跳步，当两脚离地时，两掌向前上方猛抓；两脚落地成并步，震脚，（向右转体90度）；同时，两掌变拳向右、向前下方冲击；左拳护右前臂内侧，拳心向下；两腿全蹲；目视两拳。（图52）

38.冲天炮

起身，并步不变，右拳向上，屈肘冲击，拳心向里；左拳护于右肘内侧下方；目视右拳。（图53）

图 52

图 53

39.马步崩捶

左脚向前上一步，两脚踝地，向右转体90度，两腿成马步；右拳变掌向右侧崩击，左拳抱于腰间；目视右掌。（图54）

40.弹腿分掌

右腿向右侧弹踢；同时，左拳变掌，两掌向两侧崩出，掌心向下；目视右侧。（图55）

图 54

图 55

41.单叉推掌

右脚不落地，向右横跐一步，落成左仆步；左掌向左侧下方撩打，护于腹前，掌心向下；右掌变拳抱于腰间；目视左侧。（图56）

42.二起采脚

速起身，向左转体90度，两脚向前向上纵跳；当全身腾空时，右拳变掌向前拍击右脚面，左拳抱于腰间；目视右脚。（图57）

图 56

图 57

收势

两脚落地，收右脚与左脚成小八字而立；左拳变掌，两臂下垂，两掌五指并拢贴附大腿外侧，身体挺直；目视前方。（图1）

第三节

43.虚步亮掌

上左脚随体左转成虚步；然后，右臂屈肘，右掌变拳亮于胸前，拳心向下；左臂屈肘向前撩掌；两腿微蹲；目视左掌。（图58）

44.斜步阳拳

向右转体180度，左脚踏实；抬左脚向左侧前方斜上一步；右脚跟上，落于左脚前内侧成丁字步；左掌变拳，两拳冲右阳拳（图59）；向前上步，再跟步成左丁步，右阳拳不变（图60）。

图 58

图 59

图 60

45.连环三冲拳

左丁步不变，左拳变掌向左前方撩抓，然后变拳，先冲右拳（图61）；后冲左拳（图62）；再冲右拳，目视右拳（图61）。

图 61

图 62

46.转身连三捶

左脚后退一步，两脚踩地，向左转体90度，两腿屈膝成马步；左拳变掌向外撩抓，然后变拳；成马步后，先冲右拳（图63）；后冲左拳（图64）；重心左移成左弓步，左拳收回上架，再冲右拳，目视右拳（图65）。

47.丁步三冲拳

两脚踢地，向左稍转体，上右脚成丁字步；同时，左拳变掌向前，向外撩抓，然后变拳；转身后，先冲右拳（图66）；后冲左拳（图67）；再冲右拳，目视右拳（图66）。

图 63

图 64

图 65

图 66

48.仆步掠掌

右脚原地踮跳，向右转体90度，两腿成右仆步；同时，两拳由胸前向下向两侧崩分，左拳抱于腰间，右拳由右向左前外方扫掠，目视右侧。（图68）

图 67

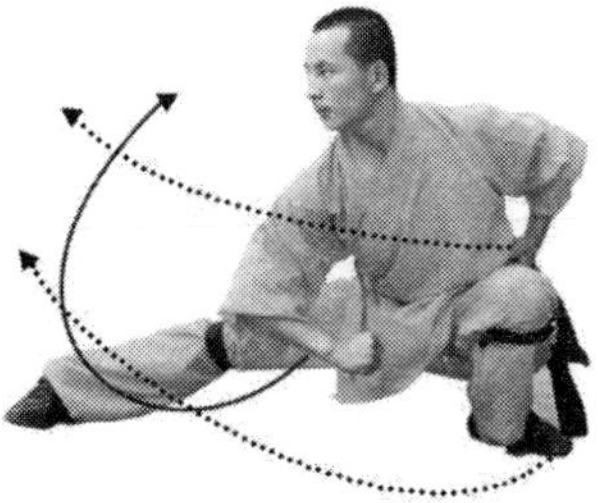

图 68

49.掠手采脚

起身，左拳变掌向左向外撩；向左转体90度，抬右腿向前弹踢；右拳变掌，向前拍击右脚面，目视右掌。（图69）

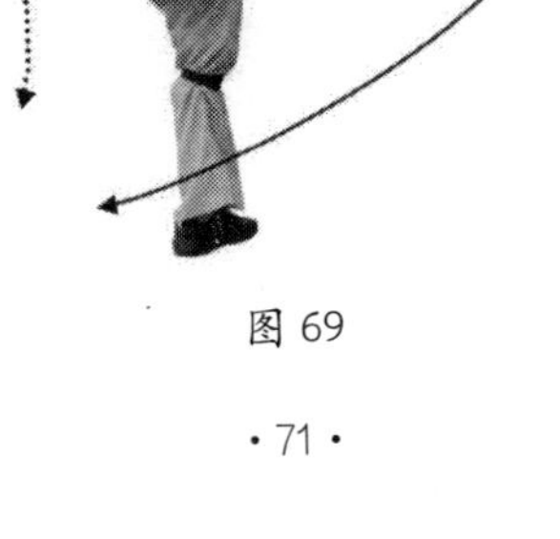

图 69

50.转身摆脚

右脚向前落一步，抬右腿向后蹬踢，出左掌向后拍击右脚底。（图70）

接上动作，右脚向前落一步，抬右腿向前向上弹踢；同时，右拳变掌，两掌向前由右往左拍击右脚面，目视两掌。（图71）

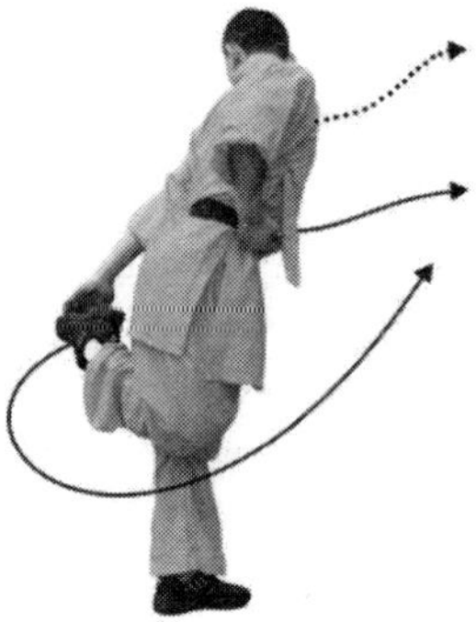

图 70

图 71

51.上步七星

右脚落左脚左前方一步，上左脚，落于右脚内稍前侧，为左丁字步；同时，两掌变拳，由右向前冲出，拳心向下，左拳靠住右手腕部内侧；两腿微蹲，目视两拳。（图72）

52.马步单鞭

右脚向后移一步，两脚踝地，向右转体90度，两腿屈膝半蹲成马步；同时，两拳由胸前两侧出击，拳心向下，目视前方。（图73）

图 72

图 73

53.金鸡独立

抬左脚移于右脚外侧，向右转体180度，抬右腿提膝；同时两拳变掌，右掌向右侧下方撩，护于右大腿外侧，掌心向外；左臂屈肘横推，左掌落于右肩前，掌心向右；目视右侧。（图74）

54.转身剪手

右脚不落地，同时抬左脚向右转身跳步（向右转体90度），左脚落右脚前成虚步；同时，两掌在胸前交叉（左手在内），目视前下方。（图75）

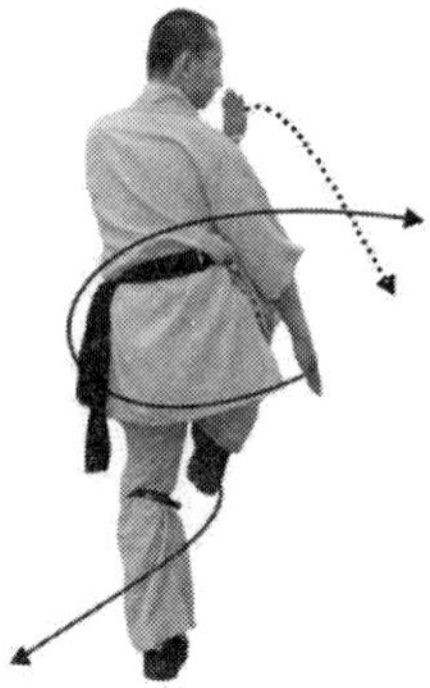

图 74

图 75

55.弓步掏拳

接上动作，向左转体180度，右脚向前成弓步；右掌变拳，向前屈肘冲击，拳心向上；左掌变拳向外向上画弧，架于头上前方，拳心向下；目视前方。（图76）

56.蛟龙折身

两脚向前纵跳一大步，当全身腾空时，左腿向后弹踢；同时，两拳变掌，向前向上崩推，然后两侧分展。（图77）

接上动作，两脚落地后，两腿成右弓步；右掌由上向下击，落于右腿上部，掌心向上；左掌向外向上画弧，架于头上左侧，掌心向前。（图78）

57.猛虎出洞

右脚向前踮跳一步，落于左脚前成右弓步；同时，两掌变拳向前环头冲出，右拳在上，两拳心相对；上体向左拧转向前倾探，目

视两拳。（图79）

图 76

图 77

图 78

图 79

58.仆步撩掌

右脚向前踮跳一步，上左腿，两腿成左仆步；同时，左拳变掌，由左向右屈肘撩推，掌心向外；右拳抱于腰侧；目视左侧。（图80）

59.弓步冲拳

起身，两腿变左弓步，同时左掌由内向外拦，然后变拳收于腰间。右拳向前猛冲，拳心向下；目视右拳。（图81）

图 80

图 81

60.猛虎藏威

抬左脚向前踮跳一步，向左转体90度，右脚落左脚前成右仆步；左拳变掌向外撩，然后变拳抱于腰间；右拳变掌向右屈肘撩推，掌心向下；目视右侧。（图82）

61.二起采脚

起身，两脚向前纵跳，当全身腾空时，右腿向前向上弹踢；出右掌拍击右脚面，左掌后摆；目视右脚。（图83）

62.坐山架

右脚向前落一步，两腿踴地，向左转体90度，两腿屈膝成马步；同时两掌变拳，右拳向外向上画弧，然后架于头上前方，拳心向前；左拳由上向下栽击于左腿上部，拳心向后；目视左侧。（图84）

图 82

图 83

收 势

收左脚与右脚成并步，两拳变掌向胸前交叉劈撩，然后两掌再由上向下垂臂，五指并拢，附贴大腿外侧，掌心向里，掌指向下，身体挺直，目视前方。（图85）

图 84

图 85